MW00951094

WITH LOVE

Made in the USA
Monee, IL
21 December 2021

86852314R00046